# REGRETS SUR MA VIEILLE *ROBE DE CHAMBRE.*

PAR M. DIDEROT.

*AVIS à ceux qui ont plus de goût que de fortune.*

SUIVI d'une Lettre de M. de VOLTAIRE, ſur un Écrit anonyme.

*A PARIS,*
Aux dépens des Éditeurs de l'Encyclopédie.

M. DCC. LXXII.

# AVIS AU LECTEUR.

*MONSIEUR DIDEROT ayant
ı occaſion de rendre un ſervice
ſentiel à Mme. Geoffrin, ce'.e-
imagina, par reconnaiſſance,
'aller déménager un jour tous
s haillons du réduit philoſo-
hique, & d'y faire mettre d'au-
es meubles, qui, quoique
eaux, étaient d'une extrême
mplicité, & ne ſont devenus
recherchés que ſous la plume
oëtique du Pénitent en robe de
hambre d'écarlate.*

*Laïs, dont il eſt parlé dans
es regrets, eſt le nom d'un
ıbleau de Vernet : malgré ce
u'en dit M. Diderot, qu'elle ne*

*lui a rien couté, on eſt ſûr cependant qu'il obligea Vernet à prendre de ſa part 25. louis Ce n'eſt rien, mais toujours beaucoup pour une bourſe philoſophique. Ce n'eſt pas aſſurément la faute de l'Artiſte, qui voulait abſolument que le Philoſophe acceptât ſon tableau, mais celui-ci voulut, diſait-il, en payer au moins les couleurs, & Vernet fut obligé de céder.*

# MA VIEILLE ROBE DE CHAMBRE.

POURQUOI ne l'avoir pas gardée ? Elle était faite à moi, j'étais fait à elle ; elle moulait tous les plis de mon corps sans le gêner ; j'étais pittoresque & beau : l'autre roide, empésée me maneguine. Il n'y avait aucun besoin auquel sa complaisance ne se prêtât, car l'indigence est presque toujours officieuse. Un livre était-il couvert de poussière, un de ses pans s'offrait à l'essuyer : l'encre épaissie refusait-elle de couler de ma plume, elle présentait le flanc. On y voyait tracés en longues rayes noires les fréquens services qu'elle m'avait rendus. Ces longues rayes annonçaient le littérateur, l'écrivain, l'homme qui travaille ; à préſent j'ai l'air d'un riche fainéant ; on ſait qui je ſuis.

Sous ſon abri je ne redoutais ni la mal-adreſſe d'un valet, ni la mienne, ni les éclats du feu, ni la chûte d'eau: J'étais le maître abſolu de ma vieille robe de chambre, je ſuis devenu l'eſclave de la nouvelle. Le dragon qui ſurveillait à la toiſon d'or ne fut pas plus inquiet que moi ; le ſouci m'enveloppe.

Le vieillard paſſionné, qui s'eſt livré, pieds & poings liés, aux caprices, à la merci d'une jeune fille, dit depuis le matin juſqu'au ſoir : où eſt ma bonne, ma vieille gouvernante ? Quel démon m'obſédait le jour que je la chaſſai pour celle-ci ? Puis il pleure, il ſoupire. Je ne pleure pas, je ne ſoupire pas, mais à chaque ſurſaut je dis : Maudit ſoit celui qui inventa l'art de donner du prix à l'étoffe commune en la teignant en écarlate ! maudit ſoit le précieux vêtement que je révére ! Où eſt mon ancien, mon humble, mon commode lambeau de calamandre!

Mes amis, gardez vos vieux amis! mes amis, craignez l'atteinte de la richeſſe! que mon exemple vous inſtruiſe! La pauvreté a ſes franchiſes, l'opulence a ſa gêne.

O Diogene, ſi tu voyais ton diſciple ſous le faſtueux manteau d'Ariſtipe, comme tu rirais? O Ariſtipe, ce manteau faſtueux fut payé bien cher! Quelle comparaiſon de ta vie molle, rampante, efféminée, & de la vie libre & ferme du Cynique déguénillé! J'ai quitté le tonneau où je régnais, pour ſervir ſous un tyran.

Ce n'eſt pas tout, mon ami! écoute les ravages du luxe, les ſuites funeſtes d'un luxe conſéquent.

Ma vieille robe de chambre était une avec les autres guénilles qui m'environnaient; une chaiſe de paille, une table de bois, une tapiſſerie de Bergame, une planche de ſapin qui ſoutenait quelques livres: quelques eſtampes enfumées, ſans bordures, ébouées par les angles ſur cette tapiſſerie : entre ces eſtampes trois ou quatre plâtres ſuſpendus, formaient, avec ma vieille robe de chambre, l'indigence la plus harmonieuſe. Tout eſt deſaccordé, plus d'enſemble, plus d'unité, plus de beauté.

Une nouvelle Gouvernante ſtérile, qui ſuccéde dans un Presbytere ; la femme qui entre dans la maiſon d'un veuf ; le Miniſtre qui remplace un Miniſtre diſgracié ; le Prélat moliniſte qui s'empare du Diocèſe d'un Prélat Janſéniſte, ne cauſent pas plus de trouble que l'écarlate intruſe en a cauſé chez moi.

Je puis ſupporter ſans dégoût la vue d'une Payſanne ; ce morceau de toile groſſière qui couvre ſa tête ; cette chévelure qui tombe éparſe ſur ſes joues ; ſes haillons troués qui la vêtiſſent à demi ; ce mauvais cotillon court qui ne va pas à la moitié de ſes jambes ; ſes pieds nuds & couverts de fange ne peuvent me bleſſer : c'eſt l'image d'un état que je reſpecte ; c'eſt l'enſemble des diſgraces d'une condition néceſſaire & malheureuſe, que je plains. Mais mon cœur ſe ſouleve, & malgré l'atmoſphère parfumée qui la ſuit, j'éloigne mes pas, je détourne mes regards de cette courtiſanne dont la coëffure à point d'Angleterre & les manchettes déchirées, les bas de ſoye ſales, & la chauſſure uſée me montrent la miſere du jour aſſociée à l'opulence de la veille.

Tel eût été mon domicile, ſi l'impérieuſe écarlate n'eût tout mis à ſon uniſſon.

J'ai vu la bergame céder à la tenture de damas la muraille à laquelle elle était depuis ſi long-tems attachée.

Deux eſtampes qui n'étaient pas ſans mérite; la chûte de la manne dans le déſert du Pouſſin, & l'Eſther devant Aſſuérus du même: l'une honteuſement chaſſée par un vieillard de Rubens; la chûte de la manne diſſipée par une tempête de Vernet; la chaiſe de paille releguée dans l'anti-chambre par le fauteuil de maroquin.

Homere, Virgile, Horace, Ciceron, ſoulager le faible ſapin courbé ſous leur maſſe, & ſe renfermer dans un armoire marqueté ; aſyle plus digne d'eux que de moi.

Une grande glace s'emparer du manteau de ma cheminée ; ces deux jolis plâtres, que je tenais de l'amitié de Falconet, & qu'il avait réparés lui-même, déménagés par une Vénus accroupie ; l'argile moderne briſée par le bronze antique.

La table de bois diſputait encore le terrein à l'abri d'une foule de brochures & de papiers entaſſés pêle-mêle, & qui ſemblaient devoir la dérober long-tems à la cataſtrophe qui la menaçait ; un jour elle ſubit ſon ſort, & en dépit de ma pareſſe, les brochures & les papiers allerent ſe ranger dans les ſerres d'un bureau précieux.

Inſtinct funeſte des convenances ! tact délicat & ruineux ! goût ſublime, qui change, qui déplace, qui édifie, qui renverſe, qui vuide les coffres des peres, qui laisse les filles sans dot & les fils sans éducation, qui fait tant de belles choses & de si grands maux ! Toi qui substitue chez moi le fatal & précieux bureau à la table de bois ! c'est toi qui perds les nations ; c'est toi qui peut-être un jour conduiras mes effets sur le Pont-St.-Michel (*), où l'on entendra la voix enrouée d'un juré-crieur dire : à vingt louis une Vénus accroupie !

L'intervalle qui restait entre la tablette de ce bureau & la tempête de Vernet qui est au-dessus, faisait un vuide desagréable à l'œil ; ce vuide fut rempli par une pendule ; & quelle pendule encore ? une pendule à la Geoffrin ; une pendule où l'or contraste avec le bronze.

Il y avait un angle vacant à côté de la fenêtre, cet angle demandait un secrétaire, qu'il obtint.

Autre vuide déplaisant entre la tablette du secrétaire & la belle tête

(*) Endroit où l'on vend les meubles & saisies par dettes.

de Rubens ; il fut rempli par deux la Grenée.

Ici c'eſt une Magdelaine, troiſième tableau du même Artiſte, là c'eſt une eſquiſſe ou de Vien ou de Maſchy ; car je donne auſſi dans les eſquiſſes. Et ce fut ainſi que le réduit édifiant du Philoſophe ſe transforma dans le cabinet ſcandaleux du Publicain. J'inſulte auſſi à la miſere nationale.

De ma médiocrité première il n'eſt reſté qu'un tapis de liſières ; ce tapis meſquin ne quadre guère avec mon luxe, je le ſens : mais j'ai juré & je jure, car les pieds de Denis le Philoſophe ne fouleront jamais un chef-d'œuvre de la Savonnerie ; je réſerverai ce tapis comme le Payſan, transféré de la chaumière dans le palais de ſon Souverain, réſerva ſes ſabots. Lorſque le matin, couvert de la ſomptueuſe écarlate, j'entre dans mon cabinet, ſi je baiſſe la vue, j'apperçois mon ancien tapis de liſières ; il me rappelle mon premier état, & l'orgueil s'arrête à l'entrée de mon cœur.

Non, mon ami, non, je ne ſuis point corrompu. Ma porte s'ouvre toujours au beſoin qui s'adreſſe à moi ; il me trouve la même affabilité, je l'écoute, je le conſeille, je le ſecours, je le plains ; mon ame ne s'eſt point endurcie, ma tête ne s'eſt point relevée, mon dos eſt bon & rond comme ci-devant, c'eſt le même ton de franchiſe, c'eſt la même ſenſibilité ; mon luxe eſt de fraîche date, & le poiſon n'a point encore agi. Mais avec le tems qui ſait ce qui peut arriver ? Qu'attendre de celui qui a oublié ſa femme & ſa fille ? qui s'eſt endetté, qui a ceſſé d'être époux & pere, & qui, au-lieu de dépoſer au fond d'un coffre fidéle une ſomme utile . . . . . . . . . . .

Ah ! ſaint Prophête, levez vos mains au ciel, priez pour un ami en péril, dites à Dieu : Si tu vois dans tes décrets éternels, que la richeſſe corrompe le cœur de Denis, n'épargne pas les chefs-d'œuvres qu'il idolâtre, détruis-les, & ramene-le à ſa première pauvreté ! Et moi je dirai au ciel de mon côté : Oh Dieu ! je me résigne à la prière du saint Prophête & à ta volonté ! je t'abandonne tout, reprends tout, oui ! excepté le Vernet, ah ! laisse-moi le Vernet : ce n'est pas l'Artiste, c'est toi qui l'as fait : respecte l'ouvrage de l'amitié & le tien. Vois ce Phare, vois cette tour adjacente qui s'éleve à droite, vois ce vieil arbre que les vents ont déchiré. Que cette masse est belle ! Au-dessous de cette masse obscure vois ces rochers couverts de verdure ; c'est ainsi que ta main puissante les a fondés ; c'est ta main bienfaisante qui les a tapissés. Vois cette terrasse inégale, qui descend du pied des rochers vers la mer : c'est l'image même des dégradations que tu as permis au tems d'exercer sur les choses du monde les plus solides. Ton soleil l'aurait-il autrement éclairée ? Dieu, si tu anéantis cet ouvrage de l'art, on dira que tu es un Dieu jaloux. Prends en pitié les malheureux épars sur cette rive : ne te suffit-il pas de leur avoir montré le fond des abîmes ? Ne les as-tu sauvé que pour les perdre ? Ecoute les prières de celui-ci qui te remercie ; aide les efforts de celui-là qui rassemble les tristes restes de sa fortune : ferme l'oreille aux imprécations de ce furieux : hélas, il se prometrait des retours si avantageux ! il avait médité le repos & la retraite ; il en était à son dernier voyage : cent fois dans la route il avait calculé par ses doigts le fond de sa fortune ; il en avait arrangé l'emploi, & voilà toutes ses espérances trompées, à peine lui reste-t-il de quoi couvrir ses membres nuds. Sois touché de la tendresse de ces deux époux ! Vois la terreur que tu as inspirée à cette femme ; elle te rend grace du mal que tu ne lui as pas fait ; cependant son enfant, trop jeune pour savoir à quel péril tu l'avais exposé, lui, son pere & sa mere, s'occupe du fidéle compagnon de son voyage, il attache le collier de son chien ; fais grace à l'innocent ! Vois cette autre mere, fraîchement échappée des eaux avec son époux : ce n'est point pour elle qu'elle a tremblé, c'est pour son enfant ; vois comme elle le ſerre contre ſon ſein, vois comme elle le baiſe. O Dieu ! reconnais les eaux que tu as créées, reconnais-les, & lorſque ton ſouffle les agite, & lorſque ta main les appaiſe. Reconnais les ſombres nuages que tu avais raſſemblés, & qu'il t'a plu de diſſiper ; déja ils ſe ſéparent, ils s'éloignent ; déja la lueur de l'aſtre du jour renaît ſur la ſurface des eaux ; je préſage le calme à cet horiſon rougeâtre. Qu'il eſt loin cet horiſon ! il ne confine point avec la mer, le ciel deſcend au-deſſous, & ſemble tourner autour du globe. Acheve d'éclairer ce ciel, acheve de rendre à la mer ſa tranquillité. Permets à ces matelots de remettre à flots leur navire échoué ; ſeconde leur travail, donne-leur des forces, & laiſſe moi mon tableau ; laiſſe-le-moi comme la verge dont tu châtieras l'homme vain. Déja ce n'eſt plus moi qu'on viſite, qu'on vient entendre, c'eſt Vernet qu'on vient admirer chez moi ; le Peintre a humilié le Philoſophe.

O, mon ami, le beau Vernet que

je poſſede ! Le ſujet eſt la fin d'une tempête ( fâcheuſe ſans cataſtrophe. ) Les flots ſont encore agités, le ciel couvert de nuages ; les matelots s'occupent ſur leur navire échoué, les habitans accourent des montagnes voiſines que cet Artiſte a dépeint. Il ne lui a fallu qu'un petit nombre de figures principales pour rendre toutes les circonſtances de l'inſtant qu'il a choiſi. Comme toute cette ſcène eſt vraie ; comme tout eſt peint avec légéreté, facilité & vigueur, je veux garder ce témoignage de ſon amitié : je veux que mon gendre le tranſmette à ſes enfans, ſes enfans aux leurs, & ceux-ci aux enfans qui naîtront d'eux.

Si vous voyiez le bel enſemble de ce morceau, comme tout y eſt harmonieux ; comme les effets s'y enchaînent ; comme tout ſe fait valoir ſans effort & ſans apprêt ; comme ces montagnes de la droite ſont vaporeuſes ; comme ces rochers & les édifices ſurimpoſés ſont beaux ; comme cet arbre eſt pittoreſque ; comme cette terraſſe eſt éclairée ; comme la lumière s'y dégrade ; comme les figures ſont diſpoſées, vraies, agiſſantes, naturelles, vivantes ; comme elles intéreſſent ; la force dont elles ſont peintes, la pureté dont elles ſont deſſinées ; comme elles ſe détachent du fond : l'énorme étendue de cet eſpace, la vérité de ces eaux ; ces nues, ce ciel, cet horiſon ! Ici le fond eſt privé de lumière, & le devant éclairé au contraire du technique commun. Venez voir mon Vernet, mais ne me l'ôtez pas.

Avec le tems les dettes s'aquitteront, le remord s'appaiſera, & j'aurai une jouiſſance pure. Ne croyez pas que la fureur d'entaſſer de belles choſes me prenne ; les amis que j'avais, je les ai, & le nombre n'en eſt point augmenté. J'ai Laïs, mais Laïs ne m'a pas : heureux entre ſes bras, je ſuis prêt à la céder à celui que j'aimerai, & qu'elle rendrait plus heureux que moi. Et pour vous dire mon ſecret à l'oreille, cette Laïs, qui ſe vend ſi cher aux autres, ne m'a rien couté. . . . . . . . . . . . .

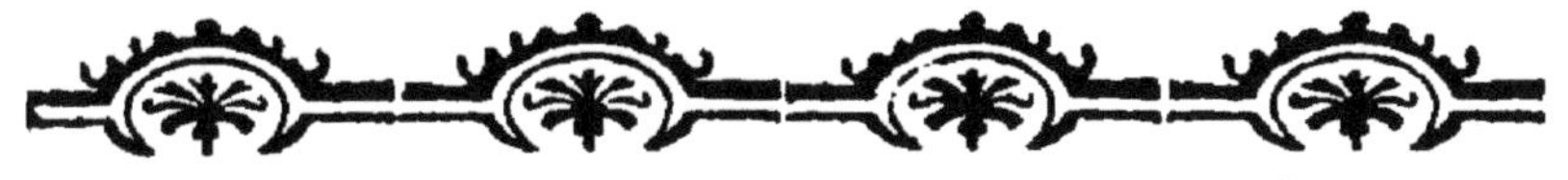

# LETTRE
## DE Mr. DE VOLTAIRE
### SUR UN ÉCRIT ANONYME.

A Ferney 20 Mai 1772.

Dans ce ſaint tems nous ſavons comme
On doit expier ſes délits,
Et bien dépouiller le vieil homme,
Pour rajeunir en paradis.

UNE bonne ame voulant ſeconder mes intentions, m'a envoyé par la poſte, la veille de Pâques, la deux-centième brochure qu'on a brochée contre moi depuis quelques années. On m'y fait ſouvenir d'un de mes péchés que j'avais malheureuſement oublié, tant à mon âge on a la mémoire débile. Ce péché eſt la jalouſie, l'envie. Je la regarde vraiment comme le huitième péché mortel. On me fait appercevoir que j'en ſuis très-coupable. Je n'ai plus qu'à faire pénitence & à m'amander.

1°. L'on m'apprend que je ſuis indignement jaloux de *Bernard de Paliſſi*, qui vivait ſur la fin du ſeizième ſiécle. Il avança que le fallun de Touraine, n'eſt qu'un amas de coquilles dont les lits s'amoncelerent les uns ſur les autres pendant cinquante mille ſiécles plus ou moins, lorſque la place où eſt la ville de Tours étoit le rivage de la mer. Ma jalouſe fureur ayant fait venir une caiſſe de ce fallun, dans lequel je n'ai trouvé qu'une coquille de colimaçon, j'ai pris inſolemment ce fallun pour une eſpèce de pierre calcaire friable, pulvériſée par le tems. J'ai cru y reconnaître évidemment mille parcelles d'un talc informe; & j'ai conclu avec un orgueil puniſſable, que c'eſt une mine qui occupe environ deux lieues & demi. J'ai hazardé cette idée criminelle avec une audace d'autant plus lâche, que ce fallun ne ſe trouve dans aucun autre pays, ni à quarante lieues de la mer, ni à vingt, ni à dix; & que si c'était un monceau de coquilles déposé par la mer dans une prodigieuse suite de siécles, il y en aurait certainement sur d'autres côtes.

C'est avec cette espèce de marne qu'on fume les champs voisins; & j'ai eu l'impudence de dire, moi qui suis laboureur, que des coquilles de cinquante mille siécles ne me donneraient jamais du bled. Mais j'avoue que je ne l'ai dit que par jalousie contre les Tourangeaux.

2°. Cette détestable jalousie que j'ai toujours eue des succès du consul *Maillet*, m'a porté jusqu'a douter qu'il y ait des amas de coquilles sur les hautes Alpes. J'avoue que j'en ai fait chercher pendant quatre ans, & qu'on n'y en a pas trouvé une seule. On n'en trouve pas plus, dit-on, sur les montagnes de l'Amérique; mais ce n'est pas ma faute.

3°. Je confesse que les pierres lenticulaires, les étoilées, les glossopètres, les cornes d'Ammon dont mon voisinage est plein, ne m'ont jamais paru des poissons; mais il ne m'était pas permis de le dire.

4°. Cette même jalousie m'a fait douter aussi que l'Océan eût produit le mont Atlas, & que la Méditerranée eût fait naître le mont Caucase. J'ai même osé soupçonner que les hommes n'ont pas été originairement des marsouins, dont la queue fourchue s'est changée visiblement en cuisses & en jambes, comme *Maillet* le prétend avec beaucoup de vraisemblance.

5°. C'est avec une malice d'enfer qu'ayant examiné la chaux dont je me sers depuis vingt ans pour bâtir, je n'y ai trouvé ni coquilles ni oursins de mer.

6°. J'avoue que la même envie diabolique m'a empêché de convenir jusqu'à présent que ce globe soit de verre. Je crois que les gens qui l'habitent sont très fragiles, & surtout moi. Mais pour peu qu'on veuille abſolument que la terre ſoit de verre comme l'était autrefois le firmament, j'y conſens du meilleur de mon cœur pour le bien de la paix.

7°. Cette rage, qui m'a toujours dominé, m'a égaré juſqu'au point de douter que la terre fût un ſoleil encroûté, ou qu'elle fût orginairement une comète. J'ai pouſſé ſurtout ma jalouſie contre l'apoticaire *Arnoud*, juſqu'a dire que ſes ſachets n'ont pas toujours prévenu l'apoplexie. Mais auſſi comme il ne faut pas ſe faire plus méchant qu'on ne l'eſt, je n'ai point porté la perverſité juſqu'a prétendre qu'il y eût la moindre charlatanerie dans les ſciences & dans les arts. J'ai toujours reconnu, grace au ciel, qu'il n'y a de charlatan en aucun genre.

8°. Il eſt vrai que j'ai été ſi horriblement jaloux de l'*Eſprit des loix* dans mon métier de juriſconſulte, que j'ai oſé avoir quelques opinions différentes de celles qu'on trouve dans ce livre; en avouant pourtant qu'il eſt plein d'eſprit & de grandes vues, *qu'il respire l'amour des loix & de l'humanité.* J'ai même parlé très-durement de ses détracteurs. Ce procédé est d'un malhonnête homme, il faut en convenir.

J'ai fait plus, car dans un livre auquel plusieurs gens de lettres ont travaillé avec un grand succès, l'article *Gouvernement anglais* est de moi ; & je finis cet article par dire, *après avoir relu celui de Montesquieu j'ai voulu jetter au feu le mien.* C'est-là le langage de l'envie la plus détestable.

9°. Je m'accuse d'avoir osé m'élever avec une colère peu chrétienne, contre certains persécuteurs d'*Helvétius*, & de plusieurs gens de lettres ; d'avoir pris le parti des opprimés contre les oppresseurs ; d'avoir seul bravé leur orgueil, leurs cabales & leur malice ; mais d'avoir en même tems, par un esprit de jalousie, manifesté une très-petite partie des opinions dans lesquelles je différe absolument de lui, de l'avoir dit à lui-même, parce que je l'aimais l'aimais & l'eſtimais ; c'eſt une infamie qui ne peut s'excuſer.

10°. Je me ſouviens auſſi que cette même jalouſie qui me ronge, m'a forcé autrefois de prouver que les tourbillons de *Deſcartes* étaient mathématiquement impoſſibles ; que ſa matière ſubtile, globuleuſe, cannelée, rameuſe, était une chimère ; qu'il eſt faux que la lumière vienne du ſoleil à nous dans un inſtant ; qu'il eſt faux qu'il y ait également toujours égale quantité de mouvement dans la nature ; qu'il eſt faux que les planetes ſoient des ſoleils ; qu'il eſt faux que les mines de ſel & les fontaines viennent de la mer. Qu'il eſt faux que le chyle devienne ſang dans le foie, &c. &c. &c. &c. &c. &c.

Mon indigne envie contre *Deſcartes* m'emporta juſqu'a cette baſſeſſe. Mais je confeſſe que je fus entraîné dans ce crime par *Ariſtote*, qui me fit donner une penſion ſur la caſſette d'*Alexandre*, ſeule penſion dont j'aie été régulièrement payé.

11°. Je dois confeſſer encor que *Scudéri*, *Claveret*, d'*Aubignac*, *Boiſrobert*, *Colletet* & autres, me firent donner beaucoup d'argent par le tréſorier du cardinal de *Richelieu* pour écrire contre *Corneille*, dont j'ai perſécuté la famille. Je me ſuis oublié juſqu'à dire que *ſi ce grand-homme n'était pas égal à lui-même dans Attila & dans Agéſilas, on ne jugeait des génies tels que lui que par leurs extrêmes beautés, & non par leurs défauts.*

12°. Enfin, ma plus grande faute a été de ne pouvoir ſupporter l'éclat de la gloire dont notre ami *Fréron* a ébloui l'univers. Mais ce n'eſt que par degrés que je me ſuis livré à l'envie que ce grand-homme a excitée en moi. D'abord ce fut une émulation louable, ſi j'oſe le dire; mais enfin les ſerpens de l'envie me piquèrent. J'ai rendu mon maître ridicule. J'ai goûté le plaiſir infernal de rire quand ſon nom s'eſt trouvé trop ſouvent au bout de ma plume.

Etant ainſi convenu avec mon

charitable directeur de conſcience, que je ſuis d'un naturel *jaloux*, *bas*, *rampant*, *avide*, *ennemi des arts*, *ennemi de la tolérance*, *flatteur des gens en place*, *&c.* Et les péchés avoués étant à demi pardonnés ; je me flatte que cet honnête homme, que je connais très-bien, ſera content de ma confeſſion ſincère.

Je ne ſuis plus jaloux, mon crime eſt expié.
J'éprouve un ſentiment plus doux, plus légitime ;
L'auteur d'une lettre anonyme.
Me fait une grande pitié.

Mais en même tems j'avertis que voilà la première & la dernière fois que je répondrai aux lettres anonymes des poliſſons & des foux, & même aux lettres des perſonnes que je n'ai pas l'honneur de connoître ; car bien que je ſois très-jeune, & que je n'aie que ſoixante & dix-huit ans, cependant le tems eſt cher ; & il faut tâcher de ne le pas perdre quand on veut apprendre quelque choſe.

J'ajoute encor un mot ; & aſſez ſérieuſement. Quoique j'aie paſſé à deux reprifes quarante ans loin de Paris, dans une profonde retraite, je connais les cabales de la littérature & du théatre, & même les autres cabales. Je fais combien on se passionne pour un fyftême chimérique, pour un mauvais ouvrage prôné & oublié, pour une opinion du tems, qui s'évanouit, enfin comme les formes fubftantielles, les idées innées & l'harmonie préétablie. Trois ou quatre énergumènes s'unissent pour décrier, pour injurier, pour perdre même s'ils le peuvent quiconque n'eft pas de leur avis. J'ai vu les emportemens & les artifices employés contre ceux qui n'admettraient pour mefure de la force des corps en mouvement, que la maffe multipliée par la vîteffe. J'ai été témoin des inimitiés les plus vives & les plus cruelles entre ceux qui croyaient parvenir à une mefure exacte & uniforme de tous les méridiens, & ceux qui la croyaient impoffible & inutile pour la navigation.

Doutiez-vous des miracles de *St.*

*Pâris* & des convulsionnaires, vous étiez un lâche flatteur de la cour, un traître, un impie, un ennemi de *St. Augustin*. Aviez-vous quelques scrupules sur les miracles du bienheureux *Régis* jésuite; osiez-vous examiner si un cancre avait en effet rapporté à *St. Xavier* son crucifix tombé au fond de la mer, on vous appellait *athée* dans vingt libelles.

Il a été un tems (fort court à la vérité), mais il a été, ce tems honteux & ridicule, où quelques gens de lettres ne pouvaient pas supporter un homme qui pensait que la subordination est nécessaire dans la société, qu'un garçon charcutier n'est pas égal en tout à un duc & pair, à un ministre d'état, à un prince; & qu'enfin le mariage de l'héritier d'une couronne avec la fille du bourreau ne serait pas tout-à-fait sortable.

Lorsqu'on fit paroître le *Systême de la Nature*, livre diffus, incorrect, ennuyeux, fondé sur un seul argument, & encore argument équivoque; livre stérile en bons raisonnemens, & pernicieux par les conséquences, mais éblouiſſant dans un petit nombre de pages par la peinture, quoiqu'uſée, de nos miſères. Lors, dis-je, qu'on prôna ce livre, on ne voulait pas permettre à un philoſophe d'être de l'avis de *Ciceron* & de *Platon*, & on diſait qu'un homme qui reconnait un DIEU trahit la cauſe du genre-humain. Je ne doute pas que l'auteur, & trois fauteurs de ce livre, ne deviennent mes implacables ennemis pour avoir dit ma penſée. Et je leur déclare que je la dirai tant que je reſpirerai, ſans craindre ni les énergumènes athées, ni les énergumènes ſuperſtitieux.

Encor une fois, je connais l'inſenſé méchant, qui dans ſa Lettre anonyme m'oſe accuſer *de careſſer les gens en place, & d'abandonner ceux qui n'y ſont plus*. Je lui répondrai ſans détour qu'il en a menti. Il ne s'agit pas ici des petits vers qui ont formé les coraux, & de la mer qui a formé les montagnes, & de toutes ces pauvretés. Non, infâme calomniateur, non, je n'ai point oublié un homme hors de place qui m'a comblé de bienfaits. J'ai témoigné publiquement la respectueuse estime, la tendre reconnaissance dont je serai pénétré pour lui jusqu'au dernier moment de ma vie. Périsse le monstre qui serait ingrat envers son bienfaicteur. Il n'y a ni ministre ni roi qui ne doive approuver ces sentimens. Vous ne savez pas, misérable, jusqu'où j'ai poussé la fermeté de mon caractère inébranlable dans ses attachemens, comme dans son mépris pour des lâches tels que vous. Non, je n'ai point caressé les gens en place, mais j'ai admiré l'abolissement de la vénalité; abus infâme, contre lequel je m'étais élevé tant de fois; abus qui ne subsistait qu'en France, & qui la deshonorait.

J'ai senti le bonheur des provinces qui m'entourent, & dont les citoyens ne sont plus obligés d'aller à cent cinquante lieues payer un procureur à trois mots par ligne, & consumer le reste de son patrimoine à la porte d'un citoyen orgueilleux, qui avait acheté dix mille écus le droit d'achever leur ruine. Je bénis le roi qui nous a délivrés du joug le plus insupportable. J'avais proposé cette reforme il y a vingt ans, je remercie la main qui l'a faite. Je suis citoyen, & vous ne parviendrez à faire regarder comme des flatteurs, ni moi, ni mes parens qui servent l'état dans une place qu'ils n'ont point achetée, mais qu'ils ont méritée, qui joignent la fermeté à la modestie, l'équité à la sensibilité, & qui méprisent vos cabales absurdes autant que vos lettres anonymes.

FIN.

www.ingramcontent.com/pod-product-compliance
Ingram Content Group UK Ltd.
Pitfield, Milton Keynes, MK11 3LW, UK
UKHW020220180726
13838UKWH00005B/2100